贪吃的小狗

Greedy Puppy

海豚出版社

有一只贪吃的小狗，他每天只要不睡觉就四处找骨头吃。

There lived a greedy puppy (), who looked everywhere for bones to eat every day, as long as he didn't fall asleep.

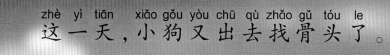

zhè yì tiān, xiǎo gǒu yòu chū qù zhǎo gǔ tóu le
这一天，小狗又出去找骨头了。

One day, the little puppy went out for bones again.

tū rán　　tā fā xiàn　cǎo cóng zhōng yǒu yí kuài dà gǔ tóu　gāo xìng de　wāng wāng
突然，他发现草丛中有一块大骨头，高兴得"汪 汪"

zhí jiào
直叫。

Suddenly he discovered a big bone in a thick growth of grass ()and
barked happily.

tā diāo qǐ gǔ tóu   dé yì yáng yáng de wǎng jiā zǒu
他叼起骨头，得意洋洋地往家走。

He held the bone in his mouth and went home proudly.

zǒu dào qiáo shàng xiǎo gǒu jīng qí de fā xiàn hé lǐ yě yǒu yì zhī diāo zhe gǔ
走到桥上，小狗惊奇地发现，河里也有一只叼着骨

tóu de xiǎo gǒu
头的小狗。

When he was on a bridge (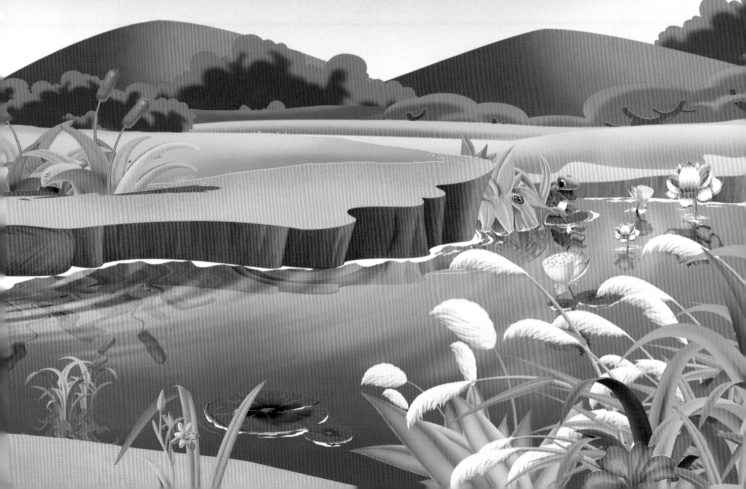), the puppy found surprisingly that there was another puppy, who was holding a bone in his mouth too.

他停下仔细一看，河里的小狗正看着自己，嘴里叼的骨头好像比自己的还要大。

He stopped to look carefully and found that the puppy in the river was looking at him, and that the bone in that puppy's mouth seemed bigger than his.

小狗心想：“怎么才能把那只小狗的大骨头弄过来呢？”

He thought: "How should I get the big bone from that puppy?"

xiǎo gǒu yáo yáo wěi bā hé lǐ de xiǎo gǒu yě gēn zhe yáo yáo wěi bā tū

小狗摇摇尾巴，河里的小狗也跟着摇摇尾巴。突

rán xiǎo gǒu yǒu le hǎo zhǔ yì

然，小狗有了好主意。

He swung his tail, and the puppy in the river also swung his.
Suddenly, a good idea hit upon him.

tā chòng zhe hé lǐ de xiǎo gǒu wāng wāng jiào le liǎng shēng zuǐ lǐ de gǔ tóu
他冲着河里的小狗"汪汪"叫了两声,嘴里的骨头

diào le xià qù
掉了下去。

He barked towards the dog in the river (), and without his notice the bone in his mouth dropped down.

pū tōng　　yì shēng　　gǔ tóu luò jìn shuǐ lǐ　　kě hé lǐ nà zhī xiǎo gǒu zuǐ lǐ

"扑通"一声，骨头落进水里，可河里那只小狗嘴里

de gǔ tóu yě méi yǒu le

的骨头也没有了。

"Plop", the bone fell into the water, and the bone held in that puppy's mouth
also disappeared.

xiǎo gǒu zhè cái míng bái hé lǐ de xiǎo gǒu zhǐ shì zì jǐ de dào yǐng dōu guài

小狗这才明白，河里的小狗只是自己的倒影，都怪

zì jǐ tài tān xīn jié guǒ bǎ dào zuǐ de gǔ tóu yě nòng diū le

自己太贪心，结果把到嘴的骨头也弄丢了。

At last the puppy understood that the puppy in the river was just his reflection in the water. Because of the greed, he lost the bone which was already in his mouth.

老虎学艺

The Tiger Learned Skills

cóng qián   lǎo hǔ méi shén me běn shì   lián zhī xiǎo tù zi yě duì fù bù liǎo

从前，老虎没什么本事，连只小兔子也对付不了，

tā jué de hěn wō náng

他觉得很窝囊。

Long, long ago, the tiger () was so incompetent that he could hardly beat a rabbit. He felt vexed.

老虎于是想拜大灰狼为师，就诚恳地对他说："大灰狼先生，你能教我本领吗？"

So the tiger wanted to learn from Grey Wolf（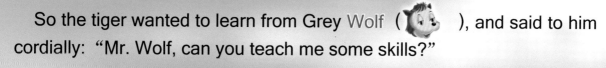）, and said to him cordially: "Mr. Wolf, can you teach me some skills?"

dà huī láng hài pà lǎo hǔ xué huì běn lǐng hòu huì dǎ bài zì jǐ yú shì jiàn yì
大灰狼害怕老虎学会本领后会打败自己，于是建议

dào māo de běn lǐng bǐ wǒ dà nǐ gēn tā xué ba
道："猫的本领比我大，你跟他学吧。"

Grey Wolf was afraid that the tiger might defeat him if he learned the skills.

So he suggested: "Cat is terrific, you can learn from him."

yú shì   lǎo hǔ zhǎo dào le māo   xiǎng bài māo wéi shī
于是，老虎找到了猫，想拜猫为师。

Therefore, the tiger went to Cat () and asked to learn skills.

māo kàn lǎo hǔ tǐng chéng kěn jiù tóng yì le
猫 看 老 虎 挺 诚 恳 , 就 同 意 了 。

Seeing that the tiger ( ) was sincere
and earnest, Cat ( ) agreed.

老虎学得很认真，没过几天，就学
会了不少功夫。

lǎo hǔ xué de hěn rèn zhēn　méi guò jǐ tiān　jiù xué
huì le bù shǎo gōng fū

The tiger was quick at learning. A few days later, he had learned a lot.

老虎觉得自己有本事了，就经常欺负小羊、松鼠等小动物。

The tiger felt himself strong enough, so he often bullied small animals like Sheep () or Squirrel ( ).

sōng shǔ xiàng māo gào zhuàng māo hěn shēng qì   tā pī píng le lǎo hǔ   kě lǎo hǔ
松鼠 向 猫 告 状 ，猫 很 生 气 ，他 批 评 了 老 虎 ，可 老 虎

bù tīng
不 听 。

When he heard what Squirrel (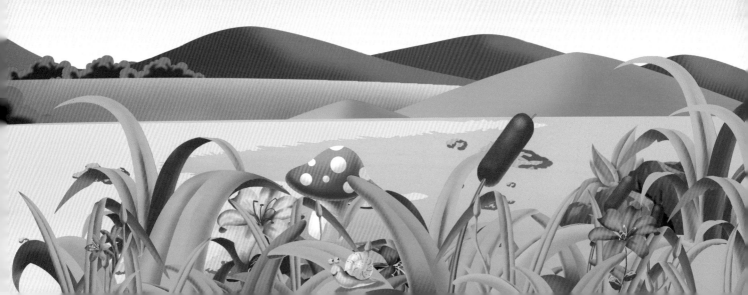) complained about the tiger's rude behavior, Cat got very angry. He criticized the tiger, but the tiger wouldn't listen to him.

yú shì mão shuō rú guǒ nǐ néng zhuō dào wǒ wǒ jiù zài bù guǎn nǐ le yào
于是，猫说："如果你能 捉到我，我就再不管你了，要

bù rán nǐ jiù děi huí dào sēn lín qù zài bù xǔ gàn huài shì le lǎo hǔ tóng yì le
不然你就得回到森林去，再不许干坏事了。"老虎同意了。

Cat said: "If you can catch me, I'll never interfere in anything you do.
Otherwise you have to go back to the forest, and you are not allowed to do
mischief anymore."The tiger agreed.

<ruby>眼<rt>yǎn</rt></ruby><ruby>看<rt>kàn</rt></ruby><ruby>就<rt>jiù</rt></ruby><ruby>要<rt>yào</rt></ruby><ruby>追<rt>zhuī</rt></ruby><ruby>着<rt>zháo</rt></ruby><ruby>了<rt>le</rt></ruby>，<ruby>可<rt>kě</rt></ruby><ruby>猫<rt>māo</rt></ruby><ruby>纵<rt>zòng</rt></ruby><ruby>身<rt>shēn</rt></ruby><ruby>一<rt>yí</rt></ruby><ruby>跳<rt>tiào</rt></ruby>，<ruby>蹿<rt>cuān</rt></ruby><ruby>上<rt>shàng</rt></ruby><ruby>了<rt>le</rt></ruby><ruby>树<rt>shù</rt></ruby>。<ruby>原<rt>yuán</rt></ruby><ruby>来<rt>lái</rt></ruby><ruby>猫<rt>māo</rt></ruby><ruby>留<rt>liú</rt></ruby><ruby>了<rt>le</rt></ruby><ruby>一<rt>yì</rt></ruby><ruby>手<rt>shǒu</rt></ruby>，<ruby>没<rt>méi</rt></ruby><ruby>教<rt>jiāo</rt></ruby><ruby>老<rt>lǎo</rt></ruby><ruby>虎<rt>hǔ</rt></ruby><ruby>这<rt>zhè</rt></ruby><ruby>招<rt>zhāo</rt></ruby>。

When the tiger almost caught Cat, Cat jumped and climbed up a tree. As it turned out, Cat had held back a trick or two when he taught the tiger.

lǎo hǔ méi bàn fǎ　　zhǐ hǎo huī liū liū de huí dào sēn lín　　dà jiā de shēng
老虎没办法，只好灰溜溜地回到森林。大家的生

huó yòu huī fù le wǎng rì de kuài lè
活又恢复了往日的快乐。

The tiger (　　) lost the game, so he had to go back to the forest. All other animals retrieved their happy life again.

ABC三条线路中，猫师傅应该选择哪一条才能捉到老虎？

Which way the cat can catch the tiger?

Choose from ABC.

C

B

A

森林演奏会

Forest Concert

yì tiān xiǎo xióng tū rán xiǎng bàn yì chǎng sēn lín yǎn zòu huì
一天，小熊突然想办一场森林演奏会。

One day, Little Bear（ ）wanted to hold a concert on a sudden
impulse.

yú shì   tā bǎ hǎo péng yǒu quán qǐng lái le   yǒu xiǎo máo lú   xiǎo shān yáng   hái
于 是 , 他 把 好 朋 友 全 请 来 了 , 有 小 毛 驴 、 小 山 羊 , 还

yǒu xiǎo hóu zi
有 小 猴 子 。

He invited his friends, Little Donkey (), Little Goal ()and Little Monkey() to join the concert.

tā men měi rén ná zhe yì bǎ tí qín tiáo hǎo le yīn yǎn zòu huì jiù kāi shǐ le

他们每人拿着一把提琴，调好了音，演奏会就开始了。

Each of them held a violin ()in hand, and after tuning, the concert began.

zhǐ tīng dào yí zhèn zhī zhī gā gā de luàn xiǎng āi ya zhēn nán tīng
只听到一阵吱吱嘎嘎的乱响，哎呀，真难听。
What awful sounds, simply noise!

_{xiǎo hóu shuō} _{wǒ men měi gè rén dú zòu de shí hòu dōu bú cuò} _{wèi shén me}
小猴说："我们每个人独奏的时候都不错，为什么

_{yì qǐ yǎn zòu jiù huì zhè me nán tīng}
一起演奏就会这么难听？"

Little monkey ()said: "All of us play very well when we play separately, but why does the music sound so unpleasant when we play together?"

tā men jué dìng zài shì yí cì　　zhè huí měi gè rén dōu gèng yòng xīn　le

他们决定再试一次，这回每个人都更用心了。

They decided to try again. This time everyone paid more attention.

yì qǔ méi wán　tā men jiù tíng xià le　hái shì tài nán tīng　tā men jué dìng
一曲没完，他们就停下了，还是太难听。他们决定

qǐng jiào zhuān jiā
请教专家。

They stopped in the middle as they were still not satisfied with their performance. They decided to go to experts for help.

zhè shí　　yì zhī huáng yīng qià hǎo fēi guò　　xiǎo xióng gǎn jǐn wèn dào　　　gē chàng

这时，一只黄莺恰好飞过。小熊赶紧问道："歌唱

jiā　　wèi shén me wǒ men de yǎn zòu huì bù hǎo tīng ne

家，为什么我们的演奏会不好听呢？"

Just at this moment, an oriole () flew by. Little Bear asked in haste:
"Great singer, why is our concert so unsuccessful?"

<pre>
huáng yīng liǎo jiě   le qíng kuàng hòu   xiào le   yǎn zòu huì shì xū yào dà jiā xiāng
</pre>
黄 莺 了解了情况后,笑了:"演奏会是需要大家相

<pre>
hù pèi hé de   shéi de shēng yīn dà   shéi de shēng yīn xiǎo   yào hé xié cái hǎo tīng
</pre>
互配合的,谁的声音大,谁的声音小,要和谐才好听。"

After knowing the details, the oriole () said smilingly: "Concert needs cooperation, louder and lower sounds have to be in harmony. It's the harmonization that makes the music melodious."

xiǎo hóu lián máng shuō　　nà qǐng nǐ lái dāng wǒ men de zhǐ huī ba
小猴连忙说："那请你来当我们的指挥吧。"

Little Monkey ()said eagerly: "Well, would you please be our conductor?"

zài huáng yīng de zhǐ huī xià xiǎo xióng hé xiǎo huǒ bàn men zhōng yú yǎn zòu chū le
在黄莺的指挥下，小熊和小伙伴们终于演奏出了

dòng tīng de yuè qǔ yǎn zòu huì chéng gōng le
动听的乐曲，演奏会成功了。

Conducted by the oriole (), Little Bear and his friends finally
perform euphonious musical tunes. The concert succeeded.

看一看，他们用的是什么乐器？
How many instrument in the picture?

三只小猫

Three Killies

māo mā ma yǒu sān gè xiǎo bǎo bao　 lǎo dà jiào xiǎo huā　 lǎo èr jiào xiǎo bái　 lǎo
猫妈妈有三个小宝宝，老大叫小花，老二叫小白，老

sān jiào xiǎo hēi
三叫小黑。

Mother Cat() has three babies, the oldest named Little Flower, the second Little White, and the youngest Little Black.

因为小黑长得又黑又瘦，所以小花、小白都不喜欢他。

Little Flower and Little White are not fond of Little Black, because he is so skinny and black.

chī dōng xī de shí hòu　xiǎo huā hé xiǎo bái yě zǒng shì qī fù xiǎo
吃东西的时候，小花和小白也总是欺负小

hēi　gěi tā zuì shǎo de shí wù
黑，给他最少的食物。

They always treat Little Black rough, and share him less food
when eating.

měi cì chū qù wán　xiǎo huā hé xiǎo bái　yě zǒng shì zhǎo gè zhǒng lǐ　yóu bú dài xiǎo
每次出去玩，小花和小白也总是找各种理由不带小

hēi yì qǐ qù
黑一起去。

Every time they go out, Little Flower and Little White always find different excuses for not taking Little Black out with them.

kě xiǎo hēi yì diǎn yě bú jiè yì　hái jīng cháng bāng mā ma zuò jiā wù
可小黑一点也不介意，还经常帮妈妈做家务。

However, Little Black never cares about this; he often helps Mother Cat with housework.

^{xiǎo huā hé xiǎo bái zé dǎ bàn de piào piào liàng liàng dào chù wán shuǎ shén me huó}
小花和小白则打扮得漂漂亮亮，到处玩耍，什么活

^{ér yě bú gàn}
儿也不干。

　　Meanwhile, Little Flower and Little White dress up, play around, and do nothing.

xiǎo hēi yì yǒu kòng jiù bǔ qīng tíng zhuō zhà měng rèn zhēn liàn xí bǔ shǔ běn lǐng

小黑一有空，就捕蜻蜓、捉蚱蜢，认真练习捕鼠本领。

Whenever Little Black has spare time, he chases dragonflies, catches grasshoppers, and practices skills of mouse catching.

zhè yì tiān　　yì zhī lǎo shǔ cóng sān zhī xiǎo māo miàn qián pǎo guò　xiǎo huā hé xiǎo

这一天，一只老鼠从三只小猫面前跑过，小花和小

bái xùn sù pū guò qù　què méi zhuā dào

白迅速扑过去，却没抓到。

One day, a mouse ()is running by in front of the three kitties, Little Flower and Little White dash over, but fail to catch it.

gēn zài hòu miàn de xiǎo hēi chōng le guò lái tā cóng qián miàn lán zhù lǎo shǔ yí
跟在后面的小黑冲了过来，他从前面拦住老鼠，一

xià jiù bǎ tā zhuō zhù le
下就把它捉住了。

Little Black, who is following behind, dashes over, blocking the mouse () from the front, and catches it.

xiǎo huā hé xiǎo bái kàn dào xiǎo hēi zhuō zhù le lǎo shǔ jué de hěn cán kuì
小花和小白看到小黑捉住了老鼠，觉得很惭愧。

Little Flower and Little White feel ashamed when they see Little Black has caught the mouse.

cóng cǐ yǐ hòu sān zhī xiǎo māo jīng cháng zài yì qǐ wán shuǎ yì qǐ liàn xí bǔ
从此以后，三只小猫经常在一起玩耍，一起练习捕

chǔ de běn lǐng
鼠的本领。

After that, three kitties always play together, and often practice mouse catching.

小海豚 双语童话

图书在版编日(CIP)数据

贪吃的小狗/侯冠滨编绘;蔡关平翻译.-北京:海豚出版社,2006.6

(小海豚双语童话)

ISBN 978-7-80138-624-3

Ⅰ.贪... Ⅱ.侯... Ⅲ.图画故事-中国-当代 Ⅳ.I287.8

中国版本图书馆 CIP 数据核字(2006)第 044070 号

书 名	贪吃的小狗	
作 者	侯冠滨 编绘 蔡关平 翻译	
出 版	海豚出版社	
地 址	北京百万庄大街 24 号 邮政编码 100037	
电 话	(010)68997480(销售) (010)68326332(投搞)	
传 真	(010)68993503	
印 刷	北京外文印刷厂	
经 销	新华书店	
开 本	24 开(889 毫米×1194 毫米)	
印 张	4	
版 次	2006 年 6 月第 1 版 2010 年 1 月第 3 次印刷	
标准书号	ISBN 978-7-80138-624-3	
定 价	10.80 元	